NOUVEL ASSAUT A L'ENCEINTE PROJETÉE DE PARIS.

ou examen critique

DU RAPPORT DE M. THIERS.

NOUVEL ASSAUT

A L'ENCEINTE PROJETÉE

DE PARIS,

OU EXAMEN CRITIQUE

DU RAPPORT DE M. THIERS.

PAR LE COMMANDANT ROCQUANCOURT.

> Si Dieu est pour les gros bataillons
> il n'est pas pour les grandes murailles,
> Une enceinte continue pour Paris
> serait la boîte à Pandore.

PARIS,

Imprimerie et Librairie Militaire de G.-Laguionie,
(MAISON ANSELIN),
36, rue et Passage Dauphine.

1841.

NOUVEL ASSAUT

A

L'ENCEINTE PROJETÉE DE PARIS

ou examen critique

DU RAPPORT DE M. THIERS.

——————

I.

Dans une première brochure sur la défense de Paris, nous avons essayé d'éclairer l'opinion sur l'utilité d'une enceinte continue, et, concluant d'après des faits récemment accomplis (1814) et d'après l'état actuel de l'art militaire, nous avons émis la doctrine que *c'était en Champagne, bien plus qu'à Paris, qu'il fallait défendre Paris.* Le rapport de la Commission n'a rien changé à notre manière de voir; mais nous devons à ceux qui ont daigné nous lire, afin qu'ils puissent juger en connaissance de cause, une nouvelle et plus grande abondance de raisons; et ce sera le texte même de ce rapport qui nous en fournira la matière.

II.

La Commission s'est trouvée unanime et cela devait être : une partie des membres, étrangers par état aux spéculations militaires, devait naturellement, comme le remarque l'honorable rapporteur, former son opinion de celle de l'autre partie. Or, comment cette opinion a-t-elle germé et grandi dans l'esprit des membres compétents? *Sous l'influence des préoccupations de la spécialité dans laquelle, pour la plupart, ils ont pensé et agi depuis leur entrée dans la carrière.*

III.

Malgré son habileté à faire parler les morts, l'éloquent rapporteur ne saurait nous montrer que Napoléon se fût décidé à sacrifier des centaines de millions pour étouffer Paris entre des montagnes de pierres. Paris, sans doute, tant que la France marchera à la tête du progrès, Paris sera le point de mire des prétentions et des haines armées de la vieille Europe. Il faut donc le couvrir ; mais que du moins vos projets soient en harmonie avec les méthodes de guerre actuelles, et surtout avec l'esprit, les mœurs, le caractère de cette population que vous voulez protéger.

IV.

On invoque le témoignage de Napoléon; on veut que dans les derniers temps, il se fût livré à la pensée de bastionner Paris. A qui donc a-t-il fait part d'un pareil projet? Ce n'est pas, que nous sachions du moins, aux illustres généraux Rogniat et Bernard. Beaucoup de ceux qui l'entouraient vivent encore. Que l'on consulte plus particulièrement ceux que leurs fonctions, enchaînant à sa personne, ont pu recueillir sa pensée et recevoir ses impressions (1).

---

(1) Que M. Planat de Lafaye nous permette, à cette occasion, de transcrire ici la lettre dont il a bien voulu nous honorer. La voici :

« MONSIEUR,

« J'ai lu avec grand plaisir et avec le plus vif intérêt la brochure « que vous avez publiée sur la défense de Paris. Il est impossible

V.

Il n'est pas étonnant que le grand homme pour qui la guerre, autant par goût que par nécessité, fut

---

« de rien voir de plus raisonnable et de mieux pensé que ce petit
« écrit. J'ose vous affirmer, Monsieur, qu'il est approuvé de tous
« les hommes de sens qu'anime en même temps un *vrai patrio-*
« *tisme*. Vous avez eu le courage d'attaquer une mauvaise opi-
« nion trop généralement répandue, et que le faux patriotisme et
« l'esprit de parti ont réussi, dans ces derniers temps, à faire pré-
« dominer dans les masses. Vous l'avez fait avec talent, avec
« conscience et avec modération. C'est un moyen assuré de succès,
« et je me plais à croire que vous avez porté un coup mortel à
« cette enceinte continue, dont la conception tout à fait rétrograde,
« plus digne du moyen âge que du 19ᵉ siècle, peu conforme à l'es-
« prit des Français en général et de la population parisienne en
« particulier. Permettez-moi, Monsieur, de vous exprimer mon
« désir de voir votre écrit plus généralement répandu qu'il ne
« l'est parmi les Députés et les Pairs de France. Je crois que
« vous feriez une œuvre méritoire, si vous en répandiez trois
« ou quatre cents exemplaires dans les deux Chambres. Votre
« opinion a des partisans à la Chambre des Députés, et je ne doute
« pas que le nombre n'en augmente rapidement, dès que votre
« brochure y sera connue.

« La lecture de votre écrit, Monsieur, m'a inspiré un vif désir l'objet constant de la pensée, ait recommandé de fortifier les capitales ; et pourtant nous nous refusons à croire que des murs autour de Berlin et de Madrid, eussent changé l'issue des guerres de Prusse et d'Espagne. Moscou eût été fortifié que, plus tard peut-être, la Russie eût été vaincue ; car on eût pris d'autres mesures, adopté d'autres combinaisons. Ce qu'il y a de certain, c'est qu'on n'eût pas fait une pointe vers cette ville funeste, si l'on s'était attendu à y trouver, je ne dirai pas une enceinte, mais seulement un système de forts revêtus.

Malgré cette imposante recommandation de l'Empereur, nous ne voyons pas que l'on se soit empressé de fortifier les capitales. Toutes, il est vrai, ne sont pas également menacées ; mais Bruxelles, Munich, Turin, Milan, Madrid, et tant d'autres encore, le sont-ils moins que Paris ? Pourquoi donc, dans les pays où se trouvent ces villes, n'a-t-on pas tenu compte des

---

« de connaître l'auteur ; il me semble que nous vivons dans un
« temps où les hommes de bon sens, dévoués sans ambition à leur
« pays, doivent chercher à se connaître et à se rapprocher.

« Agréez, etc.

« PLANAT DE LAFAYE, »
« *Ancien officier d'ordonnance de l'Empereur.* »

conseils de l'Empereur? C'est que cette recommandation et plusieurs autres que l'on trouve consignées dans ses mémoires, ne sympathisent déjà plus avec les vues et les intérêts des sociétés. Puis, ce qui allait à la grande taille de Napoléon, peut ne plus aller à la nôtre. Bien que placé à la tête des grands capitaines des temps modernes, et peut-être aussi des temps anciens, l'on pourrait se tromper fort, même en fait de guerre, en prenant tous ses conseils à la lettre. Ce que son bras de fer eût réalisé sans difficulté, nous essaierions souvent en vain de l'accomplir. Il n'y a qu'un moment qu'il dictait ses Commentaires à Sainte-Hélène, et pourtant voyez comme déjà les nations, entraînées plus ou moins rapidement par la force irrésistible des révolutions de tout genre, ont changé de physionomie et d'idées.

Ce n'est pas une petite preuve d'habileté de la part de l'honorable rapporteur que d'être allé chercher des renforts jusqu'à Sainte-Hélène. Les Mémoires de Napoléon sont un précieux legs adressé à la postérité, et pourtant faut-il encore y recourir avec prudence, et en s'éclairant incessamment du flambeau de la discussion.

VI.

Qu'on ne croie pas, au surplus, que nous improuvons le projet de couvrir Paris ; mais n'est-il donc aucun autre moyen d'y parvenir que celui de la commission ?

M. le rapporteur a soin de nous apprendre que des ouvrages de campagne improvisés au moment du danger, ne rempliraient pas le but, et il prend occasion de grossir le texte de son rapport pour en controverser la pensée. Mais qui donc aurait assez peu de réflexion pour ne confier qu'à ces sortes d'ouvrages le salut de Paris ?

Tout à coup, M. le rapporteur, parcourant avec une incroyable rapidité tout le domaine de la fortification, arrive de plein saut des ouvrages de campagne à des *murailles* et à un siége. Mais ignore-t-il donc qu'il est une foule d'intermédiaires entre des ouvrages en terre improvisés, et une enceinte continue muraillée. Parce que l'on peut craindre que quelques hommes audacieux n'enlèvent une bicoque, s'ensuit-il que l'on doive clore hermétiquement Paris pour le soustraire, comme une petite ville, à quelque surprise ? Ce serait là un bien grand abus de l'art protecteur perfectionné par Vauban.

Il ne s'agit pas, pour s'emparer de Paris, d'y introduire quelques hommes, ni même quelques bataillons, mais bien une armée tout entière. Eh quoi! ce serait ce peuple vainqueur de la garde royale aux journées de Juillet qui laisserait entrer et s'établir dans Paris quelques milliers d'étrangers! Ce serait vous, peuple héroïque, avec des armes, du canon, des munitions, une organisation militaire et des preuves déjà faites, qui légueriez à la postérité surprise un aussi funeste exemple d'indifférence et de faiblesse?

Toutefois, braves Parisiens, votre sang est trop généreux pour n'être pas épargné : nous voulons aussi vous apporter les secours de la fortification, mais il faut que ce soit avec discernement, et en évitant de tomber dans une exagération qui ne ferait que grossir inutilement les dépenses et vous causer des embarras.

VII.

Vous voulez, indépendamment des forts, une enceinte continue, parce que, dites-vous, c'est le moyen de porter à un *maximum* de durée la résistance de Paris. Mais qui donc pourrait prétendre que, en échange de votre enceinte, un système de défense établi à 25 ou 30 lieues en avant de Paris, et sur la seule direction que l'invasion puisse suivre, n'aurait pas pour effet de reculer le terme de ce maximum? Si la question n'a pas été examinée sous ce point de vue, c'est un grand oubli, et la Commission, qu'elle nous permette de le dire, n'a rempli qu'une bien faible partie de son mandat.

M. le rapporteur, pour faire ressortir l'influence des fortifications dans la défense des Etats, influence que personne du reste n'est disposé à contester, car nous ne contestons que la manière de les employer devant Paris ; M. le rapporteur nous ramène de nouveau aux Mémoires de Sainte-Hélène, et nous dit, d'après l'assertion de Napoléon, « que les « places construites par Vauban avaient sauvé la « France en 1792, qu'elles avaient ralenti l'invasion « en 1814, qu'elles avaient même influé sur les trai- « tés en 1815, et avaient contribué à les rendre moins « malheureux. »

Eh bien, puisqu'il en est ainsi, de l'aveu de tous, et que l'on ne peut entreprendre à la fois de nouvelles places et l'enceinte de Paris, que ne compare-t-on, du moins à l'efficacité fort incertaine de cette enceinte, le système de places et de camps retranchés que l'on pourrait exécuter en Champagne? Cette comparaison vaut bien la peine qu'on la fasse ; car ce système aurait pour résultat de tenir l'ennemi éloigné et de faciliter en même temps les manœuvres de l'armée. Tant qu'elle ne sera pas faite, cette comparaison, l'on sera autorisé à trouver que la question n'est pas suffisamment élucidée.

La Commission est unanime ; tant mieux : c'est une preuve qu'elle peut fournir aisément cette indispensable comparaison : oui, indispensable; car s'il devait être prouvé plus tard, et comptez que l'avenir le prouvera, que des ouvrages poussés à vingt-cinq ou trente lieues en avant de Paris seraient plus efficaces qu'une enceinte continue pour sauver Paris, vous conviendrez que la France serait fort en droit de vous accuser de précipitation, et sans doute que la postérité vous en adresserait de terribles reproches.

VIII.

M. le rapporteur, quel que soit d'ailleurs le poids de son suffrage en matière d'histoire, n'a pas été heureux dans le choix de l'exemple de Dumouriez en 92.

Dumouriez, dans ses Mémoires, et cela se conçoit très bien, s'attribue, et l'honorable M. Thiers adopte sa version, l'admirable résolution d'être demeuré en Champagne, contrairement à l'ordre de l'assemblée, qui lui aurait prescrit de rétrograder pour couvrir plus immédiatement Paris. Cette conception héroïque lui est contestée par plus d'une autorité, et notamment par les pièces du dépôt de la guerre (1).

Quoi qu'il en soit, le fait est qu'il y resta, et que, sans autre appui que quelques redoutes élevées à l'improviste, il arrêta les Prussiens et sauva Paris. Qui ne verrait ici un puissant argument pour chercher encore le salut de Paris en Champagne ?

IX.

Dans l'impossibilité, vu l'énormité de la dépense, de faire à la fois des forteresses en Champagne et une enceinte à Paris, vous sacrifiez les premières à la seconde ; mais vous assumez alors une grande responsabilité. Qu'arrive-t-il, en effet, de cette préférence ? que vous n'établissez entre Paris et le réseau des

---

(1) Voyez *Compte rendu au ministre de la guerre par le général Dillon ; le mémoire justificatif du général Miranda ; Correspondance de Dumouriez avec Pache*, annotée par ce dernier, *Mémoires manuscrits du maréchal Kellermann et de l'adjudant général Gobert*, chef d'état-major de Dumouriez.

places frontières aucun obstacle, aucun centre d'action intermédiaire, qui puisse servir de pivot, de refuge
et de place d'armes à une armée. Et cependant, c'est
là, c'est en Champagne, c'est vers Châlons, comme
naguère en 1814, que peuvent, que doivent se réunir
pour couvrir Paris, et en appeler de concert des
échecs qu'elles auraient d'abord éprouvés, sur les
frontières, nos armées du Nord et du Rhin. Eh bien !
est-ce Soissons, est-ce Vitry, petites places isolées,
sans capacité intérieure, et par conséquent *mauvaises
places* (1), qui peuvent remplir le but? L'absence de
ces intermédiaires que l'on réclame ici, laisse évidemment Paris à découvert, et détruit tout l'échaffaudage
de la défense.

Napoléon eût trouvé, en Champagne, quelques ap-
puis de ce genre que l'ennemi, malgré l'infériorité
de la lutte, eût hésité à s'avancer sur Paris ouvert et
pour ainsi dire sans défenseurs. Soissons, qui n'est
presque rien, parce qu'il est isolé et trop petit; Soissons,
par sa position, aurait acquis une si grande influence

---

(1) *Petite place, mauvaise place*, disait Vauban ; ce mot, que la
tradition a rendu populaire dans le corps du génie, est d'une vérité
bien plus saillante encore de nos jours que de son temps.

en 1814, que Napoléon n'hésite pas à attribuer à la perte de cette petite ville la malheureuse issue de la fatale, mais à jamais glorieuse campagne qui ruina sa fortune et brisa son sceptre.

X.

Vous prétendez qu'une enceinte continue arrêterait l'invasion et sauverait Paris.

Nous lisons, nous avons entendu répéter *que Dieu était ordinairement pour les gros bataillons.* Il ne fut jamais pour les grandes murailles. En voulez-vous des preuves ? ouvrez ces grandes archives du monde, qu'en sa qualité d'historien, monsieur le rapporteur se plaît tant à invoquer ; qu'y trouvez-vous ? un moyen âge, époque hideuse, période de longs malheurs, où ce n'était de tous côtés que murailles et donjons ; un mur de 200 lieues qui n'empêche pas une poignée de Tartares de conquérir la Chine ; et plus loin, dans les siècles, en revenant vers le berceau du genre humain, les murs de cette Babylone, qui n'arrêtent qu'un moment le conquérant macédonien ; et cette Babylone, c'était alors le Paris de l'Orient. Continuez à compulser l'histoire et vous verrez que les grandes murailles, de même que l'emploi des agents extraordinaires, se rattachent ou à l'enfance ou à une période d'appauvrissement de l'art militaire. Cette réflexion, que nous ne consignons qu'en passant, suffirait presque pour nous détourner à jamais d'entourer Paris d'une enceinte continue. Eh quoi! ce serait nous, les Français, qui avons enseigné l'Europe, qui ferions faire à la science le premier pas rétrograde!

XI.

Mais où sont donc vos raisons pour dévier ainsi de la route du progrès et vous jeter gratuitement dans d'énormes dépenses? Peut-être avez-vous vu dans l'existence de cette enceinte continue un moyen de donner plus de consistance à l'intervention de la garde nationale dans la défense de Paris; ce serait de votre part une nouvelle et bien grande erreur. L'observation l'a maintes fois prouvé, tous les écrivains le répètent : *la protection constante des ouvrages de fortification et des machines de guerre en général, paralyse l'élan, appauvrit le moral et fait naître la timidité.* Les Français, braves, vifs, légers, et cette remarque date de loin, préfèrent à une défensive de pied ferme, *une défensive toujours attaquante. Enfants perdus* au seixième siècle, ils veulent être tirailleurs de nos jours. Consultez les faits; suivez Napoléon, et vous verrez que, contraint par exception à se renfermer dans la défensive, tantôt pour ne pas succomber, comme en 1814, et tantôt pour triompher plus complètement et plus sûrement, comme devant Mantoue, il se décide toujours pour l'initiative!

Sous la protection d'ouvrages, tels que des forts combinés de manière à se flanquer mutuellement à bonne portée de canon, la garde nationale fera des merveilles, s'il lui est démontré que ses efforts pourront avoir un prompt et heureux dénouement, et que ses sacrifices ne sont pas en pure perte. Mais seront-ce là les conditions dans lesquelles elle se trouvera, si l'ennemi, ayant battu, dispersé et balayé devant lui l'armée active, vient à former le blocus de Paris?

Pour entretenir la confiance et l'espoir au sein de nos légions citoyennes, il n'est qu'un bon moyen, et certes ce n'est pas une enceinte continue; c'est de tenir toujours en avant d'elles, à deux ou trois journées de marches, des forces imposantes qui menacent sans cesse les flancs et les derrières de l'ennemi, s'il tente une pointe sur Paris; et ce but, vous ne sauriez le remplir avec succès qu'à l'aide de quelques grands centres d'action. Vous le voyez : *c'est encore en Champagne qu'il faut se poster et tenir ferme!* Poursuivons.

XII.

M. le rapporteur, peu rassuré par les raisons qu'il a données jusque vers le milieu de son exposé, en faveur de l'enceinte, revient de nouveau sur le terrain et nous dit : « L'enceinte, quand elle est possible (nous n'entre-« voyons pas de cas où elle cesserait de l'être), est tou-« jours le plus sûr moyen de défense. » Une réflexion formulée dans des termes aussi généraux n'avance pas le moindrement la question toute particulière de l'enceinte de Paris; d'abord, parce que Paris n'est pas une ville ordinaire, et ensuite, parce que, déjà couvert comme on le veut et comme nous le voulons aussi (*Voy.* la suite) par une chaîne non interrompue de forts extérieurs, il sort par là même de la portée de cette réflexion.

Le temps des murailles autour des grandes villes et même des villes de moyenne grandeur est passé, et pourquoi cela? C'est que depuis tout-à-l'heure un siècle, il s'opère dans les sociétés et dans les méthodes de guerre, des changements qui repoussent de plus en plus ce genre de défense. Il n'y a que ceux qui enjam-bent de plein saut l'intervalle entre Louis XIV et nous qui puissent contester cette grande vérité. Mais allons plus loin, et supposons que Gènes, cité par **M.** le rapporteur, que Turin, Berlin, Madrid, qu'il ne pouvait citer, eussent été, conformément aux conseils de Napoléon, récemment entourés d'une enceinte, s'ensuivrait-il que l'on dût également murailler Paris? Non certainement; car Paris, sous le seul rapport du nombre et du dévouement de ses habitants, est déjà fort différent de ces villes. On ne trouve à citer que Gènes, et Gènes c'était pour ainsi dire la république tout entière. Mais ce qui établit surtout la différence, c'est que Paris est le cœur de la nation la plus nombreuse, la plus riche, la plus belliqueuse et la plus compacte du continent européen. Les comparaisons deviennent parfois un excellent moyen d'argumentation; mais il faut qu'elles puissent se soutenir en tous points.

XIII.

Ainsi donc, au lieu de songer à tenir l'ennemi à distance de Paris, la commission veut l'attendre à Paris; et quels sont ses préparatifs pour le recevoir? Une enceinte et des forts extérieurs. Une enceinte, parce qu'elle compte soutenir un siége, car autrement cette enceinte n'aurait plus de but, et deviendrait un cadeau fort cher.

Le siége de Paris! L'ennemi ne le fera jamais : et d'abord parce qu'il ne viendra jamais à Paris, et ensuite, parce que si jamais il y venait, il n'aurait nullement besoin de faire un siége pour s'en emparer.

Ce siége que, dans sa sollicitude, la commission a fait entrer dans ses prévisions, nous voulons pour un moment en admettre avec elle la possibilité. Mais alors elle nous autorise à lui demander de tout préparer pour un aussi grand événement militaire. Eh bien! comme Paris ne mérite pas moins d'attention que Lille ou Strasbourg, nous lui demanderons, comme on l'a fait pour ces deux villes et pour la plupart des autres forteresses, de jeter en avant de l'enceinte de Paris des demi-lunes, des réduits, des contrescarpes revêtues, des chemins couverts, des glacis, et jusqu'à des galeries de contre-mines.

Mais, dira-t-elle, vous nous demandez l'impossible, car ce serait doubler, et bien au-delà, la dépense déjà si énorme de l'enceinte. Nous lui répondrons que les demi-projets, surtout pour une ville comme Paris, sont des projets avortés qui ne sauraient remplir l'attente de la nation, ni satisfaire ce *bon sens* dont il est tant parlé dans son rapport.

XIV.

C'est dans la prévision d'un siége, ou tout au moins d'un blocus, que l'on veut à la fois des forts et une enceinte. Soit, les voilà construits, du moins sur le papier. Voilà de plus, mais toujours sur le papier, tous les approvisionnements de guerre et de bouche pour une résistance de deux mois; M. le rapporteur n'en demande pas davantage, et c'est déjà quelque chose, en effet. Voyons et ne dissimulons rien. Puisque l'ennemi a pu pénétrer jusqu'à Paris, et en entreprendre le siége ou le blocus, notez; c'est qu il a battu, dispersé et mis hors de lice l'armée active tout entière; c'est encore que les partis, ces vers rongeurs du repos et du bien-être des sociétés, désunissent la nation et paralysent son élan; car, autrement, l'ennemi, bien loin d'en être à faire le siége de Paris, pourrait ne pas se trouver sans inquiétude pour son propre territoire. Faites taire les passions, admettez l'unanimité, ce cordial du patriotisme, et vous pourrez encore, peuple héroïque, peuple de géants, faire trembler les rois dans leurs capitales. Mais n'oublions pas que, grâces à nos dissentions, l'ennemi nous tient bloqués dans Paris. Par malheur, la désunion qui nous avait rendus inhabiles à l'arrêter aux frontières, sera venue se réfugier et tenir avec nous garnison dans Paris. Voilà l'ivraie et le bon grain mélangés ensemble. Sous l'influence de circonstances aussi graves, les partis redoubleront d'activité ; et chacun d'eux, reniant la patrie, cherchera sans doute à bâtir son triomphe sur les débris fumants de la grande cité. Tous, dans leur espoir de trouver ce triomphe dans la chute de Paris, concourront à hâter le dénouement de ce drame militaire et politique. Au milieu d'un peuple inquiet et agité de mille craintes diverses, leurs discours perfides ébranleront les meilleurs citoyens et hâteront l'ouverture des portes.

Qu'on nous parle d'une résistance de 8 à 10 jours, nous la comprendrons. Sous le double rapport des approvisionnements et des combattants, elle est dans les limites du possible ; et encore faudra-t-il que le gouvernement reste à son poste pour présider par lui-même aux opérations.

XV.

Les gens de l'art ont déclaré, dit M. le rapporteur, que des forts de 4 où 5 fronts n'exigeraient, pour être enlevés, ni beaucoup de temps, ni beaucoup d'artil lerie. Nous répondrons : fût-ce même un fort isolé, comme ou en trouve dans certains défilés des frontières, il tiendrait huit jours, à compter de l'arrivée de l'assiégeant ; mais cette résistance se trouve tout à coup quadruplée quand ces forts, faisant partie d'une chaîne, comme devant Paris, se protègent mutuellement ; et à plus forte raison, lorsque derrière et dans les intervalles du système, se trouve une armée de 80 ou 100 mille hommes.

La crainte que l'ennemi ne se glisse entre deux forts, sous les yeux d'une garnison de 100 mille hommes, est évidemment chimérique, pourvu toutefois que les forts soient en nombre suffisant pour croiser les feux de leurs canons sur les intervalles.

Les forts du projet ne sont pas assez nombreux ; et nous prendrons occasion de cette remarque pour faire observer que la prétention d'avoir à la fois des forts et une enceinte a évidemment porté préjudice à l'une et à l'autre partie d'un même projet.

XVI.

Nous tombons d'accord avec M. le rapporteur sur ce que Paris est un lieu d'immenses ressources pour tous les besoins quelconques d'une armée. Mais pour conserver à ce grand arsenal, à ce bazard universel, la faculté de confectionner et de fournir, il ne faut pas attirer à ses barrières 200 ou 300 mille étrangers ; il faut les arrêter aux frontières, ou du moins assez loin de Paris, pour qu il n'éprouve aucune pertubation sensible.

Autrement, la curiosité pour les uns, le service militaire pour les autres, détourneront sans cesse les entrepreneurs et les ouvriers de leur besogne ; et remarquez que, dans l'anxiété générale, la crainte de n'être pas payés refroidira beaucoup les producteurs et les fournisseurs. En somme, les artères étant coupées, par la présence même de l'ennemi, Paris, ce grand cœur de la nation, ne battra plus ni aussi vite, ni aussi régulièrement.

Dans la supposition d'un blocus, que deviendront pour l'armée que vous prétendez réorganiser, toutes les ressources, tous les moyens de fournitures et d'approvisionnement contenus dans Paris ? Ils deviendront la proie de l'étranger.

Voulez-vous, au lieu de cela, qu'il y ait réciprocité de services entre Paris et l'armée ? préparez à celle-ci les moyens de couvrir Paris, et Paris, en reconnaissance, deviendra pour elle une inépuisable place d'armes ! *C'est donc encore en Champagne qu'il faut défendre Paris et la France !*

XVII.

Pressés par le temps et ne voulant envisager que les faces militaires de la question, nous ne nous occuperons de l'affaire de l'argent, que pour faire ressortir certains oublis du rapport.

Dans l'évaluation de la dépense, **M.** le rapporteur a mis de côté la construction des portes. « Afin de ne pas « gêner la circulation, dit-il, on s'est proposé de ne pas « construire encore les portes, et de laisser des ouver- « tures dans l'enceinte pour chaque route. Il faudra « donc un jour les couvrir d'ouvrages ouverts à la « gorge, et on a, dès lors, un motif d'acquérir les bords « des routes dans l'étendue de la zône de deux cent « cinquante mètres..... »

Bien qu'ajournée par ce passage du rapport, cette nouvelle dépense devra se faire un peu plus tôt, un peu plus tard, et ce n'est pas une aussi petite affaire qu'on pourrait le croire : cinquante à soixante portes, avec les ouvrages en avant, coûteront au moins 10 à 12 millions ; car, sans doute, on voudra faire pour ces portes quelques frais d'architecture et de décors ; c'est donc une somme de 10 millions au moins à ajouter aux 140 du rapport.

Ce n'est pas tout encore, il nous reste à y joindre quelque chose pour le matériel et les approvisionnements en munitions.

XVIII.

Les données que nous avions recueillies à la hâte sur cette matière encore un peu opaque, étaient loin de celles que nous révélaient hier les journaux. Nous ne portions qu'en tremblant à 20 millions le chiffre de la dépense du matériel de guerre de tout genre, et voilà que, par l'organe de l'un de ses membres les plus compétents, la commission en réclame plus du double. Ne contestons pas avec elle sur ce point, et portons de suite de 190 à 200 millions la totalité des frais de construction, d'armement et d'approvisionnement. Nous avons dit : DEUX CENT MILLIONS !

XIX.

Il ne nous reste à joindre à cette courte et bien imparfaite réplique qu'une seule considération, la voici :

On se récrie, avec quelque raison peut-être, sur ce que Paris a pris, dans ces derniers temps, une trop grande influence, une influence préjudiciable au reste du royaume, et vous allez l'accroître encore. Vous en faites une métropole de l'armée comme déjà elle l'était pour tous les autres ordres. Vous venez y mêler, bon gré malgré, sans en avoir prévu peut-être toutes les conséquences, l'ordre militaire aux administrations et à une population immense.

Mais si Paris doit devenir en effet, pour l'armée, ce qu'à Dieu ne plaise, un centre d'attraction vers lequel gravitent le personnel et le matériel de la guerre, vous dépréciez vos anciennes places ; vous leur faites perdre, avec une partie de leur valeur réelle, le prestige qui les entourait, et qui les entoure toujours, quoiqu'un peu affaibli par les deux invasions.

Ces considérations ne sont pas d'une médiocre gravité ; mais si elles militent contre un projet qui touche à l'exagération, elles ne s'opposent pas à un projet de défense renfermé dans de sages limites ; et nous le trouvons dans la conception des forts et de nos places en Champagne.

Nous avons fait ce que nous avons pu, *advinne que pourra.*

FIN.

143

www.ingramcontent.com/pod-product-compliance
Ingram Content Group UK Ltd.
Pitfield, Milton Keynes, MK11 3LW, UK
UKHW021155140726
13695UKWH00005B/2155